잉걸동인지 제5집
아직 햇살 바쁜 한나절

강 다 연
고은진주
김 순 자
김　　유
노 수 옥
백　　성
손 나 래
이 수 니
이　　인
조 재 학

아직 햇살 바쁜 한나절

초판인쇄 2025년 11월 25일
초판발행 2025년 11월 25일

지은이 강다연, 고은진주, 김순자, 김유, 노수옥, 백성, 손나래, 이수니, 이인, 조재학
펴낸이 이해경
펴낸곳 (주)문화앤피플뉴스
등록번호 제2024-000036호
주소 서울 중구 충무로2길 16, 4층 403호 (충무로4가, 동영빌딩)
대표전화 02)3295-3335
팩스 02)3295-3336
이메일 cnpnews@naver.com
홈페이지 www.cnpnews.co.kr

정가 10,000원
ISBN 979-11-94950-17-2 (03810)

※ 이 책은 전부 또는 일부 내용을 재사용하려면 반드시 저작권자와 도서출판
  문화앤피플의 동의를 받아야 합니다.
※ 이 도서의 국립중앙도서관 출판시도서목록(CIP)은 서지정보유통지원시스템
  홈페이지(http://seoji.go.kr)와 국가자료공동목록시스템(http://www.go.kr/kolisnet)
  에서 이용하실 수 있습니다.
※ 이 책은 국립중앙도서관 홈페이지에서 검색 가능합니다.
  잘못 만들어진 책은 바꿔드립니다.

■ 서문

잉걸의 불꽃을 피우려 합니다.
자연의 친구, 생명의 친구
상념 끊기지 않는 사색의 시인들
열 명이 정성을 다해 열정을 다해
다섯 번째 동인지를 엮고 있습니다.

어렵게 일군 불씨
드넓은 벌판에 불꽃이 되어
이정표 없는 거리에서
올올이 횃불로 어둠을 밝히듯
삶에 지치고 상처받은 슬픔
햇살에 사라지는 해무처럼
살포시 그들 곁에 누망으로 다가가
위로가 되고 빛이 되기를

꺼지지 않도록
독자분들의 진한 사랑과 관심을
하늘 비낀 노을을 바라보며
소원합니다.
감사합니다.

2025년 가을에
김 순 자

차례

서문 _ 04

강다연
상처가 돌아가는 세탁기 _ 10
고향 택배 _ 12
재물 _ 14
파도는 알았을까
검은 눈물이 밤을 태운 이야기를 _ 16
마장에서 _ 18
고모 _ 20

고은진주
한해살이 계약서 _ 24
식물의 승차권1 _ 25
식물의 승차권2 _ 26
불안하게 외로운 걸음이 온다 - 27
오한 속으로 -28

김순자	청개구리가 운다 _ 32
	우산 _ 34
	구름이 간다 _ 35
	밤비 _ 36
	밤 벚꽃 - 37
	수수깡 안경 - 38
김 유	풀숲 장葬 - 42
	잉걸족族 - 43
	공원 피아노 _ 44
	혼자 남은 캔버스 - 45
	넥타이 전기傳記 _ 46
	호우주의보 _ 47
노수옥	그림자를 던져 봅시다 _ 50
	알리신 _ 52
	가웃 _ 54
	피아노 _ 56
	찢어내는 방식으로 운명은 온다 _ 58
	썰물 _ 60

차례

백 성

낙조 _ 64
裸木 _ 66
오후 3시 50분쯤 _ 67
무위無爲 - 68
소설이 시가 되는 순간 _ 69
매미소리 _ 70

손나래

피아노 _ 74
새의 파편 _ 76
벽 _ 78
아프리카 좀비 _ 80
등대의 빛 _ 82
불편한 동거 _ 84

이수니
타이밍 _ 88
영화다방 의자 _ 90
스크린도어 _ 92
봄이 3천원 _ 93
오륙도 _ 94
11월 _ 95

이 인
명상瞑想 _ 98
모차르트 Horn Concerto 1번 _ 99
프래시아, 오월의 장미 _ 100
호야꽃 _ 102
극락암極樂庵 _ 103
물망초의 봄 _104

조재학
밤은 이쁘다 _ 108
꽃은 꽃으로 찬송하고 _ 110
한 마을을 얻다 _ 112
어느 비 오는 거리에서 돌아가신 분들을 만나다 _ 114
꽃무늬 찻잔 _ 116
거울 앞에서 _ 117

[잉걸의 푸른 의자_ 단편소설]

손나래   비행기를 돌려주세요 _ 118

시인의 말

잉걸, 작은 불씨처럼
아직도 식지 않은 우리들의 이야기,
아마도 식지 않을 우리들의 다음 이야기

건강한 노래를
끝까지 함께 부르고 싶습니다.

강다연

중앙대학교 예술대학원 문예창작전문가과정 수료
사진작가
E-mail : photostela61@daum.net

상처가 돌아가는 세탁기

뜨거운 물을 高에 맞추고
세탁기 클렌저를 쏟아부었다

기억도 흐린 얼룩들이 탕탕거리며 발버둥치고
멍들고 헤진 몇 군데 상처도 올올이 새김질했다

오염 덩어리 가지가지 받아서
닦이고 씻겨 깔끔히 밖으로 돌려보내더니
정작 저는 그대로 멍들고 지쳐
모른 척 묵혔나보다

삭히고 삭히다 보면
응어리진 한 구석 스스로도 방어 못하지
숨기고 삼키다 보면 엉켜서 풀어지지도 않지

왜 자꾸 때 낀 목덜미 안아주고
덮어만 주었을까

말하지
안으로 자라는 가시꽃은 전지가위로도 자를 수 없는데
형체도 없이 손톱만 날을 세우는데

뜨거운 온도에도 풀어지지 않는 것은
아직도 닫지 못한 마음뿐이다

다 받아주지 말지 그랬어
말하지, 그랬어

고향 택배

고종사촌이 보낸
홍합과 멍게 포장을 뜯는 순간
고요한 마산 앞바다가
밀물처럼 밀고 들어와
이십칠 층 아파트가
파도에 출렁였다

아버지는 멍게 껍질을 까면서
고스란히 잠든 고향 이야기를
살아서, 팔팔 뛰는 어제처럼 풀었다

할머니가 미인이라
하루도 마음 놓고 외출한 적이 없었다는 할아버지

"에미 너는 할매를 닮았어
맘씨도 고우니, 진짜 미인이지"

하시며 허허허 웃으시는데
그 웃음이 어찌 그리도 힘겨운지
곰국이라도 끓여야겠다

팔십 평생, 옮겨 다닌 무게가 서러워
까맣게 타버린 속내가 훤히 보였지만
고향 이야기만 나오면
생기가 돈다

고향은 당신 호주머니 속에서
생땅콩으로 수북이 들어 있다가
기회만 되면 꺼내어
톡톡 튀겨 먹는

아픈 시절, 부풀리지 않아도
고소한 자존심이다

아버지 고향에는 바다가 있었고
나의 고향에도 바다가 있었지만
나는 물소리 들은 지 오래고
바다는 아버지 등을 떠밀었지만
아버지는 아직도
푸른 바다에 발을 푹 담그고 계신다

제물

민어의 배를 가르고
바람의 제물로 걸어 놓았다

아파트 복도에
서둘러 파고드는 햇살

칼끝이 그어 놓은
아가미 근처 핏망울에
똥파리가 달려들어
마른 비린내를 빨고 있다

삼십육 층에는
썩어 문드러진 코들이 살았다

며칠 전부터
하나둘 정신과를 드나들기 시작했다

저녁에는 베란다에서
젊은 여자가 몸을 던지고

그 여자가
저세상에 이르기도 전

새까맣게 몰려온 파리 떼가
서둘러 조문을 다녀왔다

복도는 다시 썩기 시작하고
신음하는 은빛이 돌아 다녔다

파도는 알았을까
검은 눈물이 밤을 태운 이야기를

폐암 4기
"두 달 뒤, 꽃이 잘려나갈 거예요"

엄마는
가족들과 마지막 여행을 원했다

바다와 맞닿은
빨간 담벼락 민박집
여행가방을 풀었다

서로 애썼다
감정 매뉴얼
노출을 조였다

엄마는
바위에 멍든 바닷물로
걸레를 빨아
구석구석을 닦았다

4기 청결이었다

그 집안엔
파도 소리만
조용히 박혀 있었다

엄마는
몇 번이나 이불을 덮어주었다
아무도 잠들지 않았지만
아무도 깨어 있지 않았다

바위는 정신없이
파도에 얻어맞고
밤새 피를 토하듯
소리 질렀다

우리 대신
아주
미쳐주었다

마장에서

외승 다녀와 잠시 숨을 몰아 쉬는 동안
강력계 형사라는 사내가 관상 봐주겠다며
내 쪽으로 왔다

구경거리 생겼다고
나이트 김 사장이 실실 웃으며 다가왔고
검은 정장을 입고
막 마장에 들어 선 조폭씨가
손을 흔들었다

"당신은 말이야
남자 13명은 거쳐야 생이 순탄해,
그냥 만난 것이 아니라
몸을 섞어 꽃가루 사방에 뿌리고,
붉은 새끼줄에 13명 이름 높이 달아
제물로 흔들어 바쳐야 해,

그렇지 않음 꽃이 시름시름 앓다가
피지도 지지도 못하고
천 년의 가슴으로
낙화하는 팔자야"

침 질질 흘리며

당근 씹어 삼키는 말처럼
사내는 뭔 소린지 질퍼덕거리게 둘러댔다

사내 앞에서
검지 약지 접었다 펼쳤다
가물가물한 기억 끌고 와
몸이 풀어내는 암호로
남자들을 줄 세웠지만

아무래도
말 발가락까지 빌려와 꺾어야 할 판이다

"열세 명?
열세 명보다 많으면 안 되는 거야?"

말 좆이 쑥 빠진 마장에서
삼겹살을 뒤집고 있던 사람들이
배꼽 잡고 자지러졌다

말들이 놀라
앞다리 들고 마장을 뛰어다녔다

겨우 열세 명 가지고?

고모

학생들 사이에 머릿니가 번진다는 알림장을 받은 날
아파트 부녀회는 긴급회의를 열어 참빗을 나누어 주었다
아이들 머리에 괴물 하나 키우는 듯 호들갑을 떨며
고래고래 소리치던 밤

먹구름 뒤에 서성이는 달, 희미한 빛줄기 끝에서
고모의 손가락이 열렸다

햇볕 좋은 날 담벼락 옆 대나무 평상 위,
고모는 나를 눕히고 이를 잡았다
"요놈, 어디서 내 새끼 피를 빨아먹어
삐삐 마른 까닭을 이제야 알겠네"
고모는 숲속을 헤집고 다니며
욕으로 그물을 치고 사냥을 했다

금쪽같은 내 새끼 피,
피는 빨아먹고, 쭉정이는 톡톡 뱉었다
간절한 죽음의 소리 경쾌했다

"야야, 단디하거라"
달빛 사이로 고모의 목소리가 흘러나왔다

나는 고모의 금쪽같은 새끼,
피 한 방울 허투루 내어줄 수 없는 지독한 새끼였다

참빗이 딸 머리를 쓰윽 스치자
툭, 툭— 성충들이 떨어져
빠른 걸음으로 도화지 선을 넘었다

나는 기겁하며 더 멀리 도망갔다

시인의 말

    부부싸움을 하고 난 어느 날, 주방에 불을 켜고 빈대떡을 부쳤습니다. 기름 위에 퍼져나가는 녹두 반죽의 소리가 웅웅 울리며 마음속 응어리를 조금씩 풀어주었습니다. 한 장을 나누어 먹으며 어색하게 마주 본 웃음 속에서, 우리는 서로의 마음에 아직 따뜻한 자리가 남아 있음을 확인했습니다. 묵은지 한 조각에 밥 한술을 더 얹어 먹으며, 오래 묵은 것일수록 맛이 깊어진다는 사실을 새삼 느꼈습니다. 막걸리 사발에 일렁이던 흰 거품은 금세 꺼져도, 그 순간의 정은 오래도록 남아 있었습니다. 삶은 아마도 그렇게, 작은 식탁 위에서 다시 시작되고 다시 이어지는 것인지도 모릅니다.

    녹두꽃은 작디작은 몸으로도 계절을 밝혀내듯 피어납니다. 바람에 흔들리면서도 꺾이지 않고, 짧디짧은 한해살이의 생을 다해 봄과 여름을 건넙니다. 그 모습 앞에서 저는 글 또한 그러해야 한다는 다짐을 했습니다. 비록 작은 문장일지라도 한순간의 빛과 온기를 남겨, 누군가의 하루를 조금은 환하게 밝혀줄 수 있기를 바랐습니다.

    그렇게 소박한 밥상처럼 차려낸 이야기들, 삶의 결이 투박해도 글마다 작은 향과 맛이 배어있기를 바랍니다. 나누어 읽는 이 시간이 따뜻한 술잔처럼 서로의 마음을 덥히고, 녹두꽃처럼 짧지만 환한 빛을 남기기를 바랍니다.

고은진주

5.18 신인문학상 수상
농민신문 신춘문예로 작품 활동 시작
시집 『아슬하게 맹목적인 나날』
E-mail : melod@naver.com

한해살이 계약서

녹두를 간다
녹두 불려놓은 그릇에 파란 하늘 담뿍하다
티끌 하나에 눈과 숨과 꽃 하나씩 숨겨 놓았다

잘 여문 녹두는 불면 두 쪽으로 갈라진다
타닥투닥 다툼도 없이 얼굴 붉힐 원한도 없이 갈라지는 녹두
이리저리 섞다 보니 당신이 여러해살이를 주식으로 하지 않은 것, 주기적으로 표정을 갈아엎으면서 허허벌판을 숙성시킨 것, 하루도 쉬지 않으려는 결심이었겠다

이제야 물집 앉은 손바닥 갈아엎으라고
잔소리 가득한 녹두 속에
묵은지와 함께 몇 줄 쪽파를 넣는다
한해살이를 여러 해 쓰고도 여전히 꼬투리가 긴,
관자놀이의 녹두꽃 시들한 당신께
묵은지 내용으로 서명한 녹두계약서와
막걸리 한 사발 올린다면

분란의 덩굴은 화기애애 넘어가겠지

식물의 승차권 1

 -벌

 봄, 식물마다 시동이 걸린다. 식물의 여행은 그동안 쌓은 줄기를 비우는 일이다. 꽃송이는 트렁크 같고 벌은 앉을 자리를 물색한다. 하차지점을 향해 전속력으로 멈추는 벌, 무료승차권 가진 꽃들이 날개 위로 올라탄다. 붕붕 정차했다 급행으로 떠난 자리
 승차를 놓친 식물은 딱딱한 공기로 마른다.

식물의 승차권 2

　-천막

　양봉업자의 천막이 세워지고 철거되는 일이 잦다. 꽃 허물어지는 시기 잘 아는 이들은 한곳에 오래 머무르는 법이 없다. 임의의 천막은 꽃 지는 내일을 도모할 필요가 없으므로, 올해의 꽃은 올해에 다 비우고 가려는 꽃만 탐한다. 서둘러 떠나느라 잊혀 진 천막 조각조각 시들고 있다. 천막이 벌의 일에만 관여한다고 믿었지만 보라, 식물은 천막 주위에 군락을 이루고 찬바람 불어올 때까지 사상누각에 짐 푼 걸 모른다. 천막이 식물의 좌석을 지목하고 벌은 천막의 채밀에 관을 꽂는다.

　동거는 짧고
　채밀은 길다.

불안하게 외로운 걸음이 온다

  부정맥의 어제, 난생의 혈관길이 따져 물었다.

  손목에서 번거롭고 위태로운 걸음이 뛰다 걷다 한다. 긴 끈이 한 순간도 쉬지 않고 짓는 매듭의 일종이겠다. 매듭은 박자의 한 갈래지만, 춤을 추거나 추임새는 되지 못한다. 다만 불안하고 외로운 작별일 뿐

  규칙적이란 얼마나 건강한 불안인가!

  정상적인 숫자는 동요되기 쉬워서 깜짝 놀라거나 숨이 턱턱 막힌다. 내부자의 소행을 목격한 것처럼 섬뜩한 햇살이 지나간다. 마음속에서 밖으로 밀어냈던 파동의 걸음걸이, 너무 빨리 곤두박질치다가 재빨리 느려져서 맥 빠진

  손목이 쓰러진다.

오한 속으로

차양 쪽으로
한 반나절 차를 몰고 간다
건물은 우중충하고
뱃속은 텅 비어 있다

길을 물어야 할 것 같은 삼거리가 나오고
두꺼운 옷을 몇 개나 껴입었는데도
으슬으슬
오한은 폐광만큼 추운 지명이다

잉걸동인지 제5집

시인의 말

기적이다
그 아득한 길 달려오는 동안
수없이 많은 사건사고를 무탈하게 비껴
오늘의 이음 길을 용케도 간다

뒤돌아보는
시선이 여유롭다

김순자

충북 괴산 출생
2000년 『문학세계』 등단
시집으로는
2004 『풀잎은 누워서 운다』
2008년 『청빈한 줄탁』
2017년 『승객』
2021년 『서리꽃 진자리에』
2025년 『문득』
E-mail : sikim4021@hanmail.ne

청개구리가 운다

장마가 시작되었다
사경을 헤매던 어머니
'아무렴 그믐날은 피해야 할 낀대'
달을 걸칠까 장례식을 염려하셨다

그믐을 겨우 넘겨
어머니 서둘러 길 떠나셨다

흙무덤 쉽게 덮고
돌아서 오는 길
장대비가 내린다

어머니 두고
돌아와 배부르게 밥을 먹고
등 따습게 잠을 잔다

잠결에도 이불을 덮어 주시던 어머니
'막내야 밥 더 먹거라 몸 축날라'
잔디도 채 덮지 못한 황토 속에서
지독하시다

춥고 배곯을 어머니
'비 맞지 말거라 감기 들라'
새록새록 후려치는 사소한 회초리

먹고 또 먹어도 자꾸만 출출한
비가 내린다
청개구리가 운다

우산

비바람 몰아치는 날
우산은 망가지고
학교에 가는 길 나는
삿갓을 썼지요
강 건너
한 배 가득 실려 온 남학생들
갈가마귀처럼 몰려나오다
김삿갓! 하며 놀렸어요
그만 나는 집으로 되돌아와
온종일
하늘처럼 울었어요
아버지는 그날
열두 고개를 넘어 괴산 읍내 왕복 사십릿 길
우산을 사 오셨어요
이제
비가 와도 좋구요
학교 길에 친구를 만나도 되겠지요
아버지

지금도 비는 내리는데
아버지 아니 계십니다

구름이 간다

동네 앞 개울에서 미역 감는 아이들
땀띠 영근 한여름
물장구치다 지쳐
자갈밭에 누웠다
'참빗 줄게 빛 나와라'
'얼레빗 줄게 빛 나와라'
조약돌에 귀를 대고 또닥또닥
물 나와라 두드리는 벌거숭이들
꽃구름 조개구름 새털구름 목화구름
내 마음 녹슬어 삐걱대고 있을 때
동무들 이름을 불러 본다
징검다리 건너오며 으스대는
먹구름을 보고서야 깜빡
잊었던 숙제가 생각났다
낮달을 거머쥐듯 동네를 향해
달음박질치다 넘어져 울던

다시 돌아보면 하늘 한복판
뙤약볕에 목 타는 세월을 건너
헤매다 길이 되는 구름이 간다

밤비

잠든 서러움 한꺼번에 깨어나
적막은 짐승처럼 울고 있다

강물은 푸른 소리로 바다에 닿고
벌판을 달려온 바람은 여린 풀잎을 깨운다

숲속 나무들은 새소리에 크고
바위는 산소리로 여문다

열망의 숨소리에 꽃들은 웃음을 터트리고
부엉이는 제 이름을 부르며 능청스레 운다

고독이 적멸寂滅처럼 온유한 밤
깨어있는 모든 것들은 소리를 낸다

밤 벚꽃

 향긋한 보름달 그림자에 걸린 마음 뒤척이다 문 틈새로 빼꼼히 밖을 내다보았지 그런데 아 글쎄 물오른 벚나무 고년이 고 새침한 년이 잽싸게 분홍빛으로 온 동네를 와장창 열어 제치고 화들짝! 수작을 부리는 게 아니겠어 불여우 같은 앙큼한 년 그러니 부처가 아닌 담에야 어느 남정넨들 안 넘어 가겠어 망측하고 발칙한 년 풀풀 암내를 풍기며 살살 눈웃음을 치는 맹랑한 고년 살랑살랑 치맛자락 눈부시게 고운 고년 정말 환장하겠구먼 고 깜찍한 년 달님도 홀렸는지 실실 웃고 있었어 누구든 후려내는 참말로 얄미운 고년 깨물어 주고 싶은 예쁜 년 미치도록 고년 한 번 꼬옥 품고 싶은 밤이었어

수수깡 안경

훈장 어른 콧잔등에
두툼한 안경
흔들리는 가락에 글을 읽는다
문밖 댓돌에 언년이들
수수깡 안경을 끼고
하늘 天 따 地 따라 읊는다
'계집애들이 건방지게'
뒷짐 짚은 할아버지 허리춤에서
빼어 든 담뱃대 허공을 가로지른다
엉겁결에 달아나다 부서진 안경

지금은 어디에서
제자리를 그리워할까
아파하고 있을까
한낮에 날아든 올빼미처럼
한 치 앞을 더듬듯 한서漢書를 읽다
시커먼 글자에 또 넘어진다

젖은 안개 헤치고 솟는 해
어둠을 깨치고 뜨는 보름달
수수깡 안경 되어 면경이 되어
세월의 어디쯤에서 찾아 나설까
해 자라는 곳으로 귀 기울여도
저무는 서쪽 하늘 번지는 노을

시인의 말

돌 틈새 솔방울 하나
실낱같은 하늘을 본다

아침이슬 받아먹고 내민 첫발
연신 해거름에 서산마루 바라보네

내 언젠가
억새 여울지는 천길 벼랑 봉긋 솟아
개망초 보듬을 낙락장송 될 거라고

김유(본명 김영한)

중앙대학교 예술대학원 문예창작전문가과정 수료(29기)
2014년 『문예춘추』로 등단
시집 『귀뚜라미망치』『시간의 길』『떨켜 있는 삶은』『배경에서 여백으로』
2019년 경기문화재단 예술창작지원작가 선정
2021년 문예춘추문학상, 2024년 금제문학상 수상
E-mail : young-h-k1@hanmail.net

풀숲 장葬

다산의 상징
초충도草蟲圖를 점령한
메뚜기 몇 마리

배추비취*처럼
버림받은 건 아닌지

갈대숲을 나와
늦가을에 나앉았다

짝짓기한 놈들은 벌써
겨울잠에 들었는데

상강 바람에
자못 굳어가는 밤

풀숲이 흐느끼고 있다

* 중국 청나라 때 근비가 광서제에게 주었던 간택 혼수

잉걸족族*

싸리나무 같은 탄력
한 다발로 똘똘 뭉쳐
길을 헤쳐 나가는 족이 있다

나이테는 바랬지만
땡볕이 이글대는 사막에서도
놓지 않는 문창文創의 끈

지난 시간을 엮어
굳이 불쏘시개가 되겠다며
문학 동인지를 내놓는다

비바람이 몰아쳐도
꺼질 줄 모르는 잉걸불

한 시대를 풍미하며
진한 시를 우려내고 있다

*중앙대학교 예술대학원 문예창작전문가과정 출신의 모임.

공원 피아노

난 오늘
아이들의 꿈을 심듯
해맑고 푸르른 풀잎들과
하늘하늘 춤을 춥니다

난 오늘
연인들의 꿈을 펼치듯
눈가에 그윽한 자귀나무 꽃잎들과
새록새록 환희를 피웁니다

난 오늘
부부들의 꿈을 새기듯
부둥켜있는 산딸나무 쌍들과
연실 희생을 베풉니다

난 이렇듯
오늘도
여러 꿈을 노래합니다

혼자 남은 캔버스

봄 여름 가을 겨울
대지를 물들였던 고운 물결
다 스러지고

빈 공간만 나부끼는
계절 없는 캔버스에 서서
하늘을 본다

수평과 지평의 틈바구니에서
처절한 삶의 고개를 넘나들던

도돌이표 모두 삭정이 진
백지뿐인 세상

음표 없는 악장으로
동행의 길 떠나보낸다

이름 석 자 불러 놓고
티끌로 흩어지는

무아無我의 환영
나만 남은 채

넥타이 전기傳記

넥타이 한 시대가
가지런히 펼쳐져 있네

사십여 년간 바다를 누비며
용오름으로 금메달 추가하던
묵은 비늘들

하나둘 자리에서 물러나
빨랫줄에 매달린 건어물 신세 되었네

하지만 유행은 돌고 도는 것

물비늘 날개 돋치면
먼바다로 돌아갈까
자나 깨나 기회만 엿보다가
장롱에 붙박인 한 스펙트럼

불면인 듯
전기만 깜빡거리네

호우주의보

보이지도 않던
새털만 한 질량

갈수록 무거워지며
도심 판잣집을 노려보더니

천둥 번개의 신호에
빗줄기 와락 쏟아진다

굽은 골목을 가로지르는
성난 빗방울들

밀린 사글세와 함께
쪽방 집을 휩쓸어 가고

쉰 물딱지만
허공에 부지 세월
천막을 덧대고 있다

시인의 말

남아도는 거리를 접어놓고 보면
거리란,
움츠린 개구리 같이 직진이 된다

울음과 웃음을 반듯하게 접다보면
반은 반으로 줄고
반은 다시 반이 되고
작은 부피로 접힌 것일수록
펼쳐질 반경이 넓다
반경,
나는 그 반경을 펼쳐놓고 소풍을 즐겼고
나무 밑을 옮겨 그늘이 되곤 했지만
넓이는 늘 좁다

성급함에는 여러 번 접힌 일들이 많다

노수옥

중앙대학교 예술대학원 문예창작전문가과정 수료
2023년《광남일보》신춘문예 시 부문 당선
18회 〈김포문학상〉 시 부문 우수상 수상
10회《경북일보》문학대전 시 부문 금상 수상
26회 〈여수해양문학상〉 시 부문 우수상 수상
시집 『사과의 생각』 『기억에도 이끼가 낀다』
E-mail : jadehill1004@naver.com

그림자를 던져 봅시다

쨍그랑, 소리가 난다면
당신은 비교적 투명한 사람
풍덩, 물소리가 난다면 그 또한
깊이 있는 사람일 겁니다
만약 아무 소리도 나지 않는다면
아직 구름을 만나지 못한 예감이거나
손짓으로만 표정을 옮겨놓는 어림일 겁니다

말을 못 하던
당신이 던져졌을 때
우산처럼 확 펴졌다면
제법 심중의 무게가 있는 것이고
초속 1.7미터의 바람이 불어왔다면
방향을 다잡을 수 없는
깃털의 영혼일 것입니다

본색이 무미건조해 무엇에도 쓸모없는
그림자가 나에게도 있습니다
지금 내 몸에는 몇 개의 전구와
몇 럭스의 야성이 들어있을까요
키를 늘리며 나를 감시하는 그림자는
어느 울타리 아래 목줄 없는 짐승일 겁니다

빛의 옷인 그림자가 있다는 것은
나 또한 빛에게 빌려진 존재이거나
아직 햇살 바쁜 한나절이라는 증거입니다
그러니 어떤 제의든 그것은 다 황홀한 배려입니다
당장이 어렵다면 머지않은 미래에
당신도 당신을 확인하기 바랍니다
그림자를 던져서
확 펴지거나 쨍그랑 깨진다면
그건 있다가도 없고 없다가도 있는
실제의 안부입니다

알리신

신은 벗겨도 또 벗겨야 할 껍질이 있지만
반으로 자르면 참 반듯한 공전주기가 있어요

그가 무한으로 도는 궤도,
늦가을부터 늦봄까지 꽉 찬 신념을 지어요
겹겹의 막으로 스스로 확장하며
오직 매울 뿐인 신

몇만 평 추수를 앞둔 별들에도
정교한 계시의 성분이 있죠
톡 쏘는 신앙 때문에 눈이 시큰거리는 건
일종의 메시지, 찔끔찔끔 울게 하는
교리이자 전도이죠
겨울을 건넌 파피루스에는
어떤 어록이 적혀 있나요?

누런 죄를 벗겨 내자
파르스름한 속내가 드러나요
후회를 가로로 썰면 용서도 고리 모양이 될까요
맹종과 복종 사이
살강거리는 연민은 또 얼마나 아릴까요

알리신, 한 알 양파 속에는
각자도생 중인 신神들이 있어요

까도 까도 속을 알 수 없는 오늘은
얼근덜근해서 눈을 뜨고도 뚝뚝,
구원이 작용되고 있어요

가웃

곡식 한 되

그 반을 일컬어 가웃이라고 한다
정확한 양보다 살짝 웃도는 그 분량
그것은 저울의 마음이 아니고 눈금도 아니다
눈대중으로 통하는 양과 길이의 단위
그 말에는 엄마가 들어있다

반은 명확하지 않거나
늘 모자라는 말이다
사람에게 반은 존재하지 않음으로
이때 분별은 잊어도 좋다
그건 사후의 일이기도 해서 반은 과거일 때가 많다
알고 보면 참 외로운 단위
자주 외면 받는 반(半)에게 홀수는 없다
반에서는 덜어내는 일보다
채우는 일이 더 쉽다

단추들은 다 옷의 반
그 지점에 있다
지퍼들도,
반이 없으면 온전함이란 늘 풀린 앞섶 같을 것이다
가웃이라는 말
그 안에는 너무 가볍거나 무겁지 않은
인심 좋은 난전의 잡곡들이 있다

피아노

검은색 씨앗이 숨은 곳으로는
흰 껍질 속이 그 중 많다

벼룩이 튀어 오른다
건반은 다 가려움증을 앓고 있고
악보에는 벼룩이 가득하다

스프링처럼 튀어 오르는 연둣빛 뿔로 치받기 좋은 반음
손가락으로 찍어 먹은 봄, 한점에 혀끝이 아리다

제 몸을 긁으며 우는 아이를 보았다
손톱으로 그은 오선지
아무리 눌러도 소리가 나지 않는다
낮은음자리들이 앉아 있는 교실
피아노 뚜껑이 닫혀있다

나무가 우는 여름, 그건 모두 껍질을 벗은 울음이어서 사람의 손이 닿지 않은 높은음자리다

더듬이가 긴 곤충과 함께 손 닿지 않는 곳에서 울어본 적이 있다

 몇 년 동안 물방울이 건반을 두드려도
 빛이 들지 않던 동굴
 페이지터너의 손길을 기다린다

 음에는 전과 후가 있지만,
 울음은 뒤끝일 경우가 많아서 여름 나무들이 악보로 보인다

찢어내는 방식으로 운명은 온다

되풀이의 힘을 믿는다
한가한 일요일의 달력은 달리고
별은 아득한 미래로 쏟아지듯 온다
제자리걸음이 변명같이 들리는 이유는
나름의 간격을 가지고
벌어진 거리를 묵묵히 살아간다는 것이다
무수한 틈으로 움직이는 당신과
그 사이를 소비하는 나는 어떤 당연한 결과물인가
되풀이된다는 관성을 따르기로 한다
매일 밤을 좀 배뚤어지게 걸어놓은 별들
인력이 달력에 미치면
어느새 동그라미가 쳐 놓은 그날이다
절기가 나름의 간격을 가지고 탈락거릴 때
무수한 틈에서 생성되는 당신,
그 사이를 소비하는 나는 어떤 철에 속할까
그러니 문득 이 반복과 반복의 날들이
거듭 궁금해지는 것이다
숨을 쉬는 일의 절반은 또 숨을 참는 일이어서
영원히 숨을 거느릴 수는 없다
다만 꽃피는 나무들은 앞장에 있고

꽃 진 나무들의 흔들림은 뒷장이겠지만
그것들, 나름의 절취선에 맞춰져 있다는 것
참았던 숨을 몰아서 쉴 때
나도 모르는 사이에 모든 것이 동이 나고
간격을 건너뛰지 못한다
숱하게 들락거리는 호흡이 멈출 때처럼
언젠가 저 밤하늘도
빛나는 동작이 다 꺼지는 때가 올 것이다
무수한 반복, 이라는 말은 꽉 차서
더 이상 세지 못할 숫자를 돌돌 말아
겨드랑이에 낀다

썰물

썰물 빠지면 출근이고
밀물 들면 퇴근이다.
내 어머니는 이 두 개의 시차를 모시고 살았다.

좋은 때도 아쉬운 때도
모두 물때에 있었지만, 그 물때가
모든 때를 가져갔다.
그렇게 달의 시간표를 줄줄 외고 있었지만
달을 타고 섬 밖으로 여행 한 번 못 갔다.

어느 섬에 자생하는 문주란(蘭)은
꼭 썰물을 빌려 씨앗을 떨어뜨린다고 한다.
이 좁은 섬에 살지 말고 더 크고 넓은
육지를 찾아가라는 뜻이라고 한다.

내 어머니도 틈만 나면
나더러 썰물을 따르라 했다.
작은 돌을 들추면 흩어지는 칠게 말고
그 돌에 다닥다닥 붙는 따개비들 더더욱 말고
물때를 놓치지 말고 쓸려나가

큰 육지가 되라고 했지만
육지의 시간차란
상현달도 하현달도 만들지 못했다.

어느 물길이든 터놓으면
다시 하나로 합쳐진다.
고집 센 물길을 달래 내 몸으로 튼다.
이내 말랐던 뻘밭에 밀물이 들고 썰물 빠져나간다.

내 어머니의 낡고 늙은 어구를 챙기면
쓸만한 물때의 시간 차가
나를 들뜨게 한다.

※26회 여수해양문학상 우수상 작품.

시인의 말

흘러가는 모든 것을 사랑 하지만

 어느 시인이 그가 보낸 강가의 생활을 돌아보며 시는 "절망에 따른 악습"이라고 말했다. 상류에서 하류로 지극히 단순한 한 가지 열망으로만 흐르는 강의 단순함과 우둔함을 지적 했으리라.

 모두가 더 높은 곳으로, 더 넓은 곳으로 방황하는 현대인의 악습속에서 묵묵히 더 낮은 곳만으로 흘러가는 강. 누가 이런 강을 폄회하랴! 우리도 모든 욕심과 악습을 내려놓기 위해 강으로 가자 가서 낮은 목소리로 흐르는 그곳에서 인생의 부조리와 악습을 다 흘려 보내자

 소설가 제임스 죠이스는 "나는 흘러가는 모든 것을 사랑한다"고 말했다.

 나도 그렇다. 그러나 어쩌나 무심히 흘러가는 저 강물같은 세월은 회한이고 아쉬움인 것을

백 성

충남 보령에서 태어나 서울에서 성장
중앙대학교 예술대학원 문예창작전문가과정 수료
2015 《문학나무》에 시 「처서」 외 4편이 추천되어 등단
2017 소설 「조계야담」으로 신인 문학상
2018 용인 문화재단 문예진흥기금 지원 작가
2019 제7회 스마트소설 〈박인성 문학상〉 우수상
2020 경기문화재단 가곡 공모에 「가을 해질녘」 입선
2021 제4회 《문학나무》 숲 소설상, 한국 문학 비평가 협회상 수상
2024 제 5 회 스마트 소설 〈황순원 문학상〉 수상
한국소설가협회 회원. 현 수지문학회 회장
시집 『백수선생 상경기』 및 『천상의 소리』 『홍사를 풀며』
소설집 『번트사인』 『옥수동 불빛』 등
E-mail : paik7445@naver.com

낙조

서해안 어디쯤인가
긴 항해에서 돌아와
지친 육신을 쉬고 있는 폐선 하나가 뻘 속에 누워 있고
뜨거운 욕망과 허망이 매달려 펄럭거렸을 마스트 위로
붉은 해가 떨어지고 있다

-그 진홍의 카펫을 밟고
 황홀하게 침잠하고 있는 붉은 해와 함께
 뒤돌아보며 뒤돌아보며 끌려 내려간 너

네가 간 곳 그곳도
가끔은 바람 불고 비도 오며
손 내밀면 손잡을 수 있고
젖은 목소리로 부르면 반가운 대답 들려오는
사람 사는 곳인가
바람 속 갈매기 울음에 섞여 들리는
더 살고 싶다던 더 살고 싶다던
너의 숨찬 목소리여

가 닿을 수 없는 높은 곳을 쫓아
평생 헤매던 미혹 속에서
겨우 거울 앞에 섰을 때에야
비로소 몇 뼘의 차디찬 땅속에
돌아와 눕고 마는 인간의 허무

아우야
이제 머지않아
남아있는 나의 시간도
결국은 너처럼
온몸을 짓누르는 멍에와 미혹의 무게를
견뎌내지 못하고
이승과 저승의 중간쯤에서
서성이다가 무심히
떨어지는 저 해처럼 침잠하고 말 것을

裸木

겨울밤
바람 막고 서 있는
나무에 기대면

깊은 신음소리 들린다

인고로 키워냈던 무성한 잎
모두 제 갈 길 떠나보내고
끝내 열매마저 다 주고 나면

육탈된 뼈 앙상한 가지
질긴 모성만 뿌리박고 서 있는

살아서도 죽은 나무
죽어서도 산 나무

눈물이
벗은 가지 끝에
눈꽃되어 피었다

오후 3시 50분 쯤

이맘때쯤
커피 한 잔 들고
창가에 앉으면

먼 하늘가 흘러가는 구름 한 조각

한 모금 쓴 맛
흑갈색 속에서
세상의 모든 우수憂愁가 녹아 내린다

벌써 꽃잎 떨어져 날리는데
바람인가
아니 속절없는 세월이겠지

자꾸만 길어지는 그림자
짧은 오후가
애달프다

무위無爲

세수, 남 보라고 하는가
제 잘난 맛에 하지

머리 감으면 모자 털어서 쓰고 싶고
목욕하면 헌 옷 입기 싫은 게
인지상정人之常情 아닌가

그래 그 인생 얼마나 가겠냐만,
날마다 새 날을 살고 싶은 욕심
아침 마다 낯도 씻고 머리도 빗고
뭐 그렇게 저렇게라도 해보는 것
다 헛된 무위 아닌지

안 그러면
내 눈에는 보이지도 않는 낯을
한번 가면 곧 잊혀질 그 낯을
왜 맨날 씻고 닦겠나

소설이 시가 되는 순간

  한 남자와 한 여자가 최고급 호텔에 들어섰다 이들은 가장 비싼 방을 찾았다
  방 이곳저곳을 뒤져보는 이들은 도피 중인 절은 사기꾼 커플이다

  이윽고 이들은 경찰의 추적을 피하기 위해 다시 가방을 챙긴다 잠시 두리번거리던
  여자가 갑자기 벽에 걸려있는 제스퍼 죤스 (Jasper Jhones 1939 ~)*의 그림을 떼어
  가방에 넣는다 남자가 한심한 듯 묻는다

  "이봐! 그 그림 가져가려는 것은 아니겠지 모조품이잖아?"
  그러자 여자가 진지한 표정으로 돌아보며 대꾸한다
  "그럼 우리는, 우리는 진짜인가?"

  *제스퍼 죤스 (Jasper Jhones 1939~) 미국 화가이며 만화가. 평범한 사물을 시각적으로 볼 수 있도록 재조명하여 "Pop Arts"의 아버지라 불림.

매미 소리

긴 장마 끝
더운 바람 불더니
매미 소리 한창이다

십 년쯤 땅속에서
기고나서야 운다는 울음

(그건 울음이 아니라 차라리 절규다
그래 무얼 그리 잘못 했나)

이 짧은 여름
억울코 가슴 칠 일 하 많아
목청껏 울어봐야 고작 보름인 것을,

울어서 보내는 일생
얼핏 보면
누굴 많이 닮았다

잉걸동인 출판기념회

시인의 말

요즘
기후가 요란하다
지금껏 한 번도 경험이 없던 날씨

시도
이런 것 아닐까?
낯선 미지의 영역을 찾아야 하는 고통

25년 여름

손나래

손나래 (본명. 손석만) 경남 진주 출생
방송통신대학 국어국문학과 · 문화교양학과 졸업
중앙대학교 예술대학원 문예창작전문가과정 수료
2011년, 근로자 문학 수상
2017년 월간문학 등단
시집.『지구 특파원 보고서』(세종나눔우수도서) 외
에세이.『집이 그리웠다』
제9회 등대문학 대상
E-mail : ssm2945@daum.net

피아노

나는 식탁에 앉아
건반 두부를 잘라 양념으로 조리한다

요리는 현이 만드는 식사

젓가락이 나란히 누워있는
우리 집 식탁에는
피아노에서 나온 박쥐가 미리 앉아 있다

식구들은 주메뉴보다 박쥐부터 먹는다

빗방울이 맺혀 있는 정원에서
움츠렸던 나비가 양념 냄새를 찾아 날아오른다

검정 건반에서
끊어진 현을 비비면 짜파구리로,
맛있는 짜파구리도 입맛이 없을 때는
나비처럼 날아갈 때가 있다

콩나물 옥타브를 도돌이표로
돌리고 돌리면
내 마음 가청영역에서
나비가 꽃을 찾아가듯 직박구리 맛을 찾아낸다

피아노는
잔반이 없어 좋다 뚜껑만 닫으면 된다

새의 파편

 수풀 영역에서 날개를 펼치면
 오동나무 이파리만 한 새가 둥지에 알을 깔았다

 조용히, 알에게 깃털로 가슴 온기를 먹이고 있는 순간,
 금속 혀를 휘돌리며 달려오는 예초기의 날카로움에도, 새는 제 영역에서 목을 돌리지 않았다

 소복이 쌓인 알에도, 사방에 잘린 풀들의 목에도
 새의 피가 흥건했다

 지구 반대편 우크라이나에도 피가 사방으로 튀었다 어린이가 소복이 있던 집에, 러시아 금속 파편이 예초기처럼 날아들었다

 그래도 예초기는 더 먹지 못해
 이빨에서는 비행기 엔진 소리를 지른다

 엔진 소리 같은 것을 무서워하지 않는 새들이 무안 공항에도 있었다

그 새들은
새끼를 지키지 못한 수풀 새의 영가들일까, 아니면 어미의 피로 환생한 알의 영가들이
거대하게 자란 금속 새
뱃속의 알들에게
애도의 먹이를 던졌던 것이다

사람들은, 전쟁터 같은 시야에서
죽은 금속 새의 파편 속 심장에만 매 눈으로 뒤적거리면서
엔진 속 새 깃털에는 의미 있는 눈은 뜨지 않는다

벽
-실외기

절벽에 매달려 있다 필리핀
이고로트족이
장례 관을 걸어 둔 것처럼
낡은 아파트 벽에 있는 저것들은

숨이 가쁘다 벽과 분리된 심장들이
낮이나 밤이나
땀인지 눈물인지를 뚝뚝 흘려가면서

기후 벽이 허물어진 기후에는
폭염의 관을 조심하라고
세이렌 같은 문자가 닿을수록
심장은 더 바쁘다

지구가 헐떡이는 중에도
상관없다는 듯이 매달려 있는 것은
이고로트족 관이다
그때는 가족을 위해 사랑을 위해
심장 악력을 자아냈던 것,

이제는 아파트 절벽에 나란히
자리 잡은
저것들은 휴식 없는 강심장으로
낮이나 밤이나 편안하지 않게

지구의 눈물을
흘린다 땀을 흘린다

아프리카 좀비
-TV 유니세프 광고를 보면서

어머니 대륙에서
호모 사피엔스 미라가 살아나고 있습니다

TV마다 생중계되는 발굴 현장의
살아있는 해골 눈에는
파리 떼가 눈물을 핥아먹고

그늘도 없는 사막에서 연명하는
아이들은 젖 대신
엄마의 눈물을 받아먹어야 하는

그 눈물마저
모래바람이 먼저 입술을 닦고 있습니다

저것들은
수십만 년 동안 사막에 묻혀 있던
현생 인류였을까

인류의 시작은
먹을 것도 없이, 아파트도 없이
저렇게 시작되었던 것인지

고고학으로 재발견되고 있습니다

등대의 빛

1

 등대 빛은 운석의 속도로 마중을 간다 밤새 지친 배들을 향하여,
 극의 좌표로, 돌아온 어제의 노을은 레일을 타고 와 만선이 풀어놓은 아침 부두에 어슬렁거린다
 날름거리는 바다의 혀 속에서 건져 올린 갈치는 아침빛을 자른다

 사람들은 심심하지 않을 때까지 바다를 담아 주문을 외운다 어떤 사람은 카멜레온처럼 바다를 사냥한다

 갈매기가 안개를 밀치고 기웃거린다

2

 빌딩이나 등대의 빛은 같은 질량이나 소음이 다르다 등대는 홀로 서있고,
 빌딩은 도시의 바다에 빛을 마구 뿌린다 플랑크톤을 먹기 위해 몰려드는 물고기처럼, 사람들은 빛 속으로 살기 위해 죽도록 살도록 몰려다닌다

등대의 빛으로는 만선이 들어온다 속에는 빌딩 속사람들처럼 바다가 네모로 쌓여있다

　네모에서 갇힌 사람들, 냉동인간이 아니고 살아서 바다속 멸치처럼 떼거리로, 지하철 해초사이를 헤엄친다
　걸리적거리는 것이 있으면 바다를 주문하여 오린다

　항구와 바다, 수평선은 한통속이다 등대가 바라보는 시각에서, 물컵 수평선 아래에도 항구와 바다가 있다

　사람들은 등대를 치켜들고 부라보를 외친다 항구를 마시면서 바다같은 소음을 밀쳐낸다

　이 모두가 바다가 생산한 비린내에서 시작되었다 등대가 보는 앞에서

불편한 동거

내 마음에
너라는
사과나무를 심었어
너의 불편한 온기로 자라는 나무였어
없는 상처에 약을 미리 바르고
자라는 시간을 냄새로 맡아보았지
먼 거울이 될 향기를 보면서
언제나 아침은 지루해,
대답하는 노래로 너는 나를 요리했어
커피는 행간에 휴식이 되었지
언제나 같은 목적으로 걸어도
우리는 게걸음 같아서
(이슬이 사과등에 오롯이 포개져 있다)
이슬이 떨어지는 속도에서
자존심 보폭으로 고개만 끄덕이었어
싫어하지 않지만
우리는 등을 마주 보고 걸어가는 것이
거울 속 나무 같았어

나무의 자존심은 열매를 맺는 것
미래의 발자국에 자존심을 꺾꽂이해 보는 거야
꺾꽂이는 처음부터 뿌리가 없었어
뿌리가 생겨 꽃이 자랄지도 모르잖아

시인의 말

누군가 타이밍을 맞추어놓았다.
나는 그 타이밍을 따라
뛰어가기도 기어가기도 한다.
지금 어디 쯤에 와닿아 있는지?……
오늘도 타이밍을 맞추어 본다.

이수니

중앙대학교 예술대학원 문예창작전문가과정 수료
2015년 《시와 표현》등단
시집 『막다른 절정』외
E-mail : leesun3589@naver.com

타이밍

땡, 하고 장미꽃이 피었다
저것은 우주를 한 바퀴 돌아 온 시간
한 가지에 째깍째깍 핀 오월
자잘한 꽃들의 무더운 한 살로 끝이 나는
담장들의 전성기

초심은 느린 시침을 따라 가느라
눈, 코 가릴 새가 없다
중간에 끝나는 타이밍도 있다
중간은 반 목숨,
눈 비비는 그 반의 시간으로 살아간다

타이밍을 맞추기 위해
뛰어가고
어떤 것은 기어간다

도무지 맞추어 놓은 계절을 몰라
나는 모든 계절을 살고 있다
반 목숨이 반 목숨을 덜어주고
오늘 적절한 타이밍에서 사라진 오월

유월은 어떤 순간들인가,
무심결에 맞추어 놓은 것 같은
타이밍이 불안하다

맹목적으로 툭 튀어 나오는
시간을 기다리고 있다가
땡, 하고 떨어진
장미꽃 담장 밑을 쓸 때가 있다

영화다방 의자

 우리 동네엔 반세기를 버티어 온 옛날 다방이 있어요. 미성년 출입금지도 금연구역도 없는 영화다방, 삐걱거리는 낡은 의자가 주인 대신 손님을 맞고 있어요

 담배 연기 끼리끼리 수군대고, 나는 모퉁이에 앉아 한 때 영화榮華를 꿈꾸며 로즈담배에 별을 붙여 쏘아 올리기도 했어요. 연기는 동네 구석구석을 돌아다니며 냄새를 풍기기도, 소문을 흘리기도 해요. 레코드에선 옛 시대를 누볐던 유행 지난 노래들이 녹슨 추억을 따라 삐걱거리며 리듬을 맞추고 있어요

 잊히면 피어나는 게 추억이고, 꽃이라고, 사랑에 멍이든 늙은 마담의 넋두리는 담쟁이넝쿨처럼 방향 없이 다방 벽을 타고 올라요. 벽에 걸린 뻐꾸기시계는 시간마다 울어대고요, 쌍화탕에 동동 띄운 보름달 같은 영자 얼굴 뜨겁게 가물거리고요 재떨이엔 애꿎은 꽁초 엉덩이만 비벼댄 흔적이 수북해요

이제는 야간업소를 전전하던 삼류가수도 한물간 장발 머리 화가도 흔적을 감추고 벽에 목을 건 빛바랜 그림만 텅 빈 의자를 응시하고 있어요.
 다방레지 미스 김도 고향으로 돌아가고 단골손님 김 사장도 메모꽂이에 쪽지만 남기고, 낡은 의자들은 오늘도 텅텅 빈 영화를 꿈꾸며 졸고 있어요

스크린도어

막장의 사내
배수진을 치고 섰다
물감 번지듯 사람들 몰려오고
사내는 추락을 경계하고 섰다
구간마다 승차 역과 간간이 환승역이 있다는 생각을
안 해본 것은 아니지만
잠깐 멈췄다 사라지는 정거장
비좁은 틈,
모래바람마저도 불지 않는 불모지의 터널,
지친 이동은 빠른 속도로
어둠의 긴 소실점으로 멀어진다

아우성으로도 스며들지 않는
차가운 표면은 혼잡하다
거친 숨이 납작하게 새겨진 사내는
또 어떤 문이 열리기를 기다리는 중일까

비상과 착지가 한 선상에서 파닥이고
출구를 향해 기다리는 에스컬레이터와 계단들
희미한 빛이 스며드는 창으로
자꾸 두리번거리며 망을 보는
사내가 있다

봄이 3천원

봄 시장에 장보러 갔다

뿌리가 없어도 봄날 햇살이 진열된 시장은 싱싱하다
봄의 가판대, 흥정을 놓고 덤이 오가고 까만 비닐봉지들은 배부르다

냉이, 달래, 씀바귀 영하 20도에도 용케 살아남아 시치미 뚝 떼고 겨우내 고여 낸 쓴맛으로 입맛을 돋우겠다고 소복하다

봄이 한 바구니에 삼천 원

아니, 저기는 이천 원이라는데, 봄이라고 다 같은 봄이 아녀요, 늙은 살구나무는 담벼락에 기대어 졸고 있는데,

막 꽃 핀 가지들의 그림자는
설레는 무게로 화르르 떨고 있다

이수니 시인

오륙도

내 안에 암초 하나 자라고 있다

자칫 건들이기만 하면 잠수 탈 요량으로
아무도 모르게 정 박아 놓았지
기분이 서쪽으로 기울면 五島가 되었다가
어쩌다 중심을 잃고 흔들거리다 보면 六島가 되기도 하지

배후가 수상해
혹 정치판에서만 쓴다는 트릭 같은 수법은 아니겠지
아니면 삐딱한 마음먹고 변심한 애인처럼 잠적하는 것은 아니겠지
가끔 나발 부어대는 등대 앞세워 비장해지고 싶은 것은 아니겠지

들썩거리는 파도 꼬리 잡아당기면
금방이라도 따라나설 애인 같은

11월

여기까지 잘 왔다

지금, 가을 언저리

조금씩 선명해진다

매달린 것과
떨어져 나간
사이에

낯선 바람이 분다

누군가 남겨놓은 온기로
둥지를 튼다

다시 시작이다

시인의 말

시문을 짓는 일은 매듭 하나 엮는 일
침을 바른 실을 꼬아 물레를 돌리듯

만물이 소생蘇生 하는 계절
한편의 시문을 지으며
적막의 산을 넘고 있다

한 방향을 바라보는 그 시간이 현재
진행형이다

이 인

중앙대학교 예술대학원 문예창작전문가과정 수료
2013년 《시인동네》 신인상 수상
시집 『당신으로부터 사흘 밤낮』
2018년 경기문화재단예술창작지원금 수혜
2019년 한국문화예술위원회 아르코문학창작기금 수혜
E-mail :dltjdwk717@naver.com

명상冥想

흰 눈썹 길게 내리깔고
노란 부리를 가진 철새가
접힌 날개에 수만 리 고행길을 감싸안고
물속에 오래도록 서있다

그의 주변에는 지느러미와 꼬리들
자맥질하는 날개들이 물이랑을 일으켜도
미동도 하지 않는다

염천을 견디며 시간의 마디를 접어놓고
물기슭에서 그의 호흡을 관조하던 나는
긴 호흡을 들이마시고 뱉으며 투명에 이르는 일

순간, 높이 차고 오르는 젖은 날갯짓에
물방울이 수면 위로 떨어지자
물무늬로 떠오르는 번뇌

물방울 하나에 호수가 출렁이고
나는 다시 무명 상태로 되돌아간다

모차르트 Horn Concerto 1번

그는 소리를 모으는 솔리스트

담장에 기대어 호른을 불면

나팔꽃은 공명통을 부풀렸고

지상 한편이 환하게 열렸었다

귀를 열고 음률에 취하다 보면

두근거리는 것들은 둥근 선율이 되고

번져가는 음계가 리듬을 타면

꽃술에 피가 돌 듯

내 몸은 활짝 핀 꽃이었다

첫, 키스에 별이 보였던 연주

흰 제복이 잘 어울렸던 그를 향해

심장이 뛸 때마다 멀리 달아났던 음률

그는 부드러운 귀엣말로 내게 속삭인다

"네가 처음이야"

프래시아, 오월의 장미

그녀의 고향은 프랜시안 나바체 해안
기둥 없이 넘어야 하는 담장은 가시를 돋게 하는 일
미풍에 흔들리는 마음은 타고난 본성일지도 몰라

프래시아, 두고 온 고향의 바람 냄새는 잊고 이곳에
뿌리를 내리려면 잘 견뎌야 해
건기에도 피워내야 하는 꽃 색깔은 같아야 하고
조금만 다른 색을 내거나 계절을 모르고 꽃을 게워 낸다면
뿌리째 뽑히는 건 예삿일이야

때론 구름의 습성에 따라 빗방울 떨어지는 속도가 다르다고
관습과 유전적인 피부색이 다른 곳에서 정착하는 걸
게을리하면 이 땅에서는 발 디딜 틈이 없어
이곳 사람들은 흔히 프래시아를 튀기라고 부르기도 해

지루함 속에서 이겨낸 고통일수록
피부색은 더 선명해지고 환하게 빛이 날 거야
낯선 곳에서 낯선 바람을 들이는 일이 쉽지 않지만
줄기에서 돋아나는 가시가 굵을수록
꽃을 제대로 피워냈다고 무시당하지 않을 거야

지금 이곳의 계절은 오월, 장미의 계절이라 부르지
사람들은 꽃향기 맡으면서 꼭 한 번
너를 바라봐 줘야 한다고 너스레를 떨지

프래시아, 어둠을 지르밟고 일어서는 가시밭길이라도
함께 어울리며 사는 내일은 새로운 바람이 불 거야
그대가 품고 있던 향기가 오월의 담장을 넘어가고 있거든,

호야꽃

피는 사이
호야 하고 부르면 달려와
내 품에 안길 것 같다

호야 하고 다시 그 이름을 부르면
머리 위에서
총총
별꽃이 쏟아질 것 같다

별 속에 별을 품고
넌출을 기어오르며
콩닥콩닥
꿈을 키우던 아이,

저녁 밥상을 차리던 엄마가
대문 밖으로 호야 하고 큰 소리로 부르면
별이 된 어린 동생이 맨발로 뛰어 들어올 것 같다

극락암極樂庵

법당 안, 두 평의 고요와 돌부처의 미소

댓돌 위 가지런한 신발 한 켤레

내려앉은 화단에는 볼 발그스레한 모란 한 송이

뒷산, 되지빠귀의 청명한 가락이

절 마당에 가득 고이는 이곳은

현생의 무량청정도

물망초의 봄

나는 너를 잊겠다고 말한 적 없다.

하냥,

너를 향해 바깥 고리를 걸어두고 꽃을 피워낼 뿐이다.

시인의 말

  시가 내 손을 잡았는지 내가 시의 손을 잡았는지 알 수 없는 이 시의 길에서 아름답고 좋은 사람들을 많이 만났습니다. 저에게 시의 길은 사람의 길이었고 사람과의 관계였고 관계 속의 바람이었습니다. 그 바람에 휩쓸리기도 하고 바람에 마음을 뺏기기도 하고 바람에 휘청거리며 주저앉기도 했습니다만 이제 와 생각하니 시의 길로 보아 낭비란 없는 것이었습니다.

조재학

《시대문학》으로 등단(1998)
시집 『날개가 긴 새들은 언제 오는가』 외 두 권
중앙대학교 예술대학원 문예창작전문가과정 수료
〈문학의 집 서울〉 시낭송대회 대상(2013),
경상북도문학상(2016), 난재채수문학상(2025)
《산림문학》 편집위원, 한국시인협회 회원
E-mail: jaek5621@hanmail.net

밤은 이쁘다

밤 나들이에서 보았다
언덕의 키 큰 나무가 흰 꽃 흐드러지게 피운 것을
고개 들고 한참을 우러러 보았다
밤의 그림자 같았다
내 안에서 뭔가가 어른거리는 듯하였다

어제는 비가 왔다
담 밖으로 가지를 뻗은 벚나무가
길바닥에 두툼한 분홍 꽃자리를 깔았다
좀 앉아보고 싶었지만 옷이 젖을까 망설여졌다

늘 그랬다
옷이 젖을까 마음이 젖을까 이름이 젖을까
못한 일이 많았다
바닷물을 들이키면 짤 것이라고 걱정하는 사람처럼

뜨는 해를 느끼고 지는 해를 보는 것이
바람 먹고 구름똥 싸는 일 아닌가
누구 말처럼 검지로 지구본 한 번 돌리는 일 아닌가

밤 나들이에서 만나는 나무의 꽃들은 다 이뻤다
꽃의 얼굴을 만지며 이쁘다 이쁘다 하는 밤
하느님도 세상을 이쁘다 이쁘다 만지는 밤

거리의 벤치에 앉아 중얼거린다
밤은 이쁘다

꽃은 꽃으로 찬송하고

　잎은 잎으로 찬송한다는
　당신의 말을 이 아침에 생각합니다
　눈 밝은 당신이 보는 그 찬송들을 나도 보고싶습니다
　지나간 것은 아무것도 없다고 느껴지는 아침입니다

　내가 틀렸습니까
　내가 틀렸다고 생각한 모든 것이 사실 맞다면 어떻게 되는지요
　틀리고 맞다는 것은 또 무엇인가요
　오늘 속에서 또 느낍니다 지나간 것은 없습니다
　틀린 것도 없습니다

　그래서 내일도 없습니까
　아름다운 내일을 맞으려 자고 일어나면 언제나
　오늘의 태양이 떠 있거든요

　음지에 있는 눈은 아직 녹지 않았네요
　저 눈이 어제인가요
　눈송이의 완벽한 아름다움이 저 눈 뭉치 속에도 있을까요
　눈 뭉치로 오리를 만드는 꿈을 꾸며 어린 것이 밤새 앓았습니다
　열이 펄펄 났지요 열은 어디에서 오는 걸까요

열이라는 무엇이 정말로 있기나 하는 것인지
그냥 이 느낌이 열이라고 생각하는 것인지
묻고싶습니다

화살나무의 이파리는 가을에 다 떨어지고
남천의 딱딱한 이파리는 제 가지에 붙어 겨울을 납니다
제 가지에 붙어 있는 것이 옳은지 떨어지는 것이 옳은지
어리석은 질문을 해 봅니다 자연에 무슨 옳고 그름이 있겠습니까
맞고도 틀리고 틀리고도 맞는 세상은 밤낮으로 싸웁니다

그것은 커다란 화면 속의 일입니다

한 마을을 얻다

이 꽃은 낙상홍일 확률이 85%입니다

거리 화단에서 이름 모를 꽃을 만나면 궁금해서 들여다본다
약간 길쭉한 초록 잎들 사이에 핀
이 작디작은 꽃 무리는 이름이 뭘까 싶어
핸드폰의 꽃 검색창을 연다
꽃 사진을 찍고
꽃 검색하는 일을 즐겨하는 그에게 물어본다

- 이 꽃은 낙상홍일 확률이 85%입니다

책에서 보니 낙상홍에도 종류가 많다
자료를 좀 더 자세히 살펴보다가
이건 미국 낙상홍일지도 모르겠다는 생각이 든다

서리가 내리고 잎이 떨어지면 빨간 열매가 맺힌다고
낙상홍이라는데

꽃아, 너로 인해 나는
이 아침에 이름 하나를 얻었구나
네가 미국 낙상홍인지 일본 낙상홍인지 아니면
이도 저도 아닌 또 다른 존재인지 나는 모른다
하지만 나는 너를 낙상홍이라고 부르기로 하고

낙상홍…
불러본다

자디잔 꽃송이들의 마을이여
오늘 나는 낙상홍이라는 꽃송이들의 마을에 다달았구나
나는 이 아침 자디잔 이름들이 하나가 된 동네 하나를
가졌으므로 행복하다

이생에 와 일흔 번 맞는 유월 어느 청명한 아침에
산산한 바람 얼굴에 닿는 것처럼
살갑고 그리운 이름 불러본다
낙상홍!

어느 비 오는 거리에서 돌아가신 분들을 만나다

  호랑나비 한 분 멋진 날개가 빗물에 잠긴 채 길바닥이 되셨다
  나비는 어째 비를 피하지 못했을까 생각하며 잠시 허리를 숙여 들여다 본다

 숨이 멎은 배와 거기 붙은 작은 발이 보인다
 그의 몸 위로 빗물은 고여 흐른다
 물길 속에서도 죽음은 꼼짝 않는다

 조금 떨어진 보도블록 위에 지렁이 몇 마리 구불거린다
 빗물 흘러내리는 비탈이었다

 나는 다시 길을 간다 바람 불고 비 내리고
 검은 우산에 떨어지는 빗소리 들으며

 담장 아래로 늘어지는 사철나무 잎새에 붙어있는
 매미 허물이 눈에 들어온다
 이파리 앞으로 고개를 쑥 들이밀어 본다
 아직 매미 울음이 들리지않으니 아마 작년 집일 게다

저 빈 집 한 채에 세 들어 빗소리 듣고 싶다
흔들리는 이파리 위에서
바람 그네를 타고

꽃무늬 찻잔

이것은 무엇인가
문득 사람의 마음으로 와
목소리로 떨림으로
안개처럼 서리는 이 무늬는

사람은 가고 찻잔은 남아
오래 내 마음에 남아있는 이것은
꽃잎 같고 숨결 같은 이것은

그때는 몰랐던
어제와 그제의 그 감정을
되돌아 찾아 보는 건

무엇에 빚진 마음인가

어디서 누가 그리는 그림인가

거울 앞에서

거울 앞에 앉아서 내 눈동자를 가만히 들여다 본다
저 홍채 속에 내가 알지 못하는 생의 어떤 이야기가 들어 있을까
눈물 속에는 내가 지나온 시간의 무슨 독 같은 것이 들어 있다

저 속 어느 즈음이 해 뜨는 곳이고
또 어디쯤이 해 지는 곳이었을까

가만 보니 검은색에 가까운 빛이 감도는 동공 깊은 속에
맨몸에 활을 찬 사내가 어른거린다
발목까지 닿는 긴 옷 입은 여인이 지나간다
더 깊은 울울한 숲속에 짐승 울음 들린다
깊은 바닷속에서 날 듯 헤엄치고 있는 한 아이가 보인다

거울 앞에서 제 눈동자를 바라보는 이 마음은
홍채 속 세상의 어디쯤을 지나가는 시간일까

[잉걸의 푸른 의자 - 단편소설]

비행기를 돌려주세요

손나래

    레스토랑 문을 열자, 귀에 익은 음악이 들린다. 손님들이 한바탕 훑고 간 분위기며 바닥에는 휴지가 떨어져 있다. 점심시간이 지나서인지 손님은 별로 없다. 스피커에서 흘러나오는 첼로의 저음 선율이 다리에 감기는 듯하다.
    그들은 테이블에 마주 보고 앉는다. 테이블 위에는 휴지가 옥타브 계단처럼 쌓여 있다. 그녀는 티슈 몇 장을 뽑아 얼굴에 땀을 닦는다. 실수로 바닥에 떨어뜨린 휴지가 주문받고 가는 종업원 구두에 시그널 뮤직처럼 따라붙는다.

    "이 집 음식이 괜찮네요!"
    그녀는 스테이크 한 조각을 천천히 씹으면서 처음으로 말한다. 만난 지 두어 시간이 지났지만, 처음으로 그녀의 음성을 듣는다. 20대에 카랑카랑하던 목소리가 불혹을 훌쩍 넘긴 나이답게 무게감이 느껴진다. 그들은 우연히 처음 만났을 때는 너무 놀랐다. 한참을 장승처럼 서로 바라만 보았다. 무슨 말을 해야 할지 몰랐다. 멍청하게 서로 바라만 보고 있을 때 그가 겨우 한 말은
    "저어 시간이 있으면 잠시만……" 하고 얼버무리자
    그녀는 '고개만 끄덕'이었다.

그리고 특별한 목적도 없는 방향으로 걸어가기 시작했다. 그들은 말이 없다. 할 말이 없어서라기보다는 너무 할 말이 많았기 때문에 무슨 말부터 해야 할지 서두가 떠오르지 않았다. 20여 년 전 서로가 말 한마디 못 하고 헤어지는 순간부터 그들은 할 말을 마음속에 차곡차곡 쌓아두었다.

그들은 그렇게 무거운 발걸음으로 두어 시간을 걷다 보니 배가 고팠다.

*

고추잠자리는 빨갛게 약이 올랐다. 억새풀꽃은 여름 내내 속으로만 삭히던 속내를 밀어 올려 가을의 가슴을 하늘하늘 더듬었다. 햇살도 잘 익은 능금 살처럼 탱탱했다. 높은 구름이 듬성듬성 무리를 지어 푸른 하늘을 뜯어 먹고 있었다.

그날도 그는 배가 고팠다. 그녀의 집에 놀러 갔었다. 16살 무렵이었다. 집은 개울을 앞에 두고, 나지막한 언덕 위에 있었다. 동네에서 약간 떨어져 있어 외딴집이라 불렸다. 아버지가 술을 너무 좋아하여 사람들은 술도가라고도 하였다. 광에는 항상 술독에서 술 익는 냄새가 났다. 그보다 세 살 위인 그녀를 누나라고 부르며 동네에서 가장 친하게 지냈다. 평소에도 가끔 놀러 가서 삶은 고구마를 얻어먹곤 하였다. 그날은 삶은 고구마가 없었다. 그녀는 배고파하는 그에게 사카린을 탄 술지게미를 한 양푼 주었다. 허겁지겁 먹어댔다. 맛있게 먹는 그의 모습을 보며 그녀는 흐뭇한 생각이 들었다. 금세 다 먹어 치운 그에게 한 양푼 더 주었다.

건네주는 누나의 손가락이 그날따라 두툼한 것이 복스러웠고, 손가락뿐만 아니라 팔도 두툼한 것이 믿음직스럽게 보였다. 생머리를 한 얼굴에 주근깨가 적당하게 뿌려져 있었다. 쌍꺼풀을 가진 눈으로 미소를 지으면 입은 목화송이처럼 부풀었다. 키도 그가 위로 올려다보아야 할 만큼 컸다. 가슴은 그녀의 몸에서 가장 발달한 것처럼 두툼하게 보였다.

  그는 술지게미를 처음 먹어보는 것이었다. 혀끝에서 느끼는 맛은 텁텁한 맛과 달콤한 두 가지 맛이었다. 배가 고팠기 때문에 달콤한 맛으로 자꾸 먹었다. 그러나 배가 불러올 즈음 그의 얼굴은 빨개지기 시작하였다. 그날따라 빨개진 얼굴이 더욱 예쁘게 보였다. 그렇지 않아도 평소에 초등학교 담임선생이 반에서 가장 예쁘다고 칭찬을 자주 했다. 또래들보다 덩치가 작은 그를 보는 사람마다 귀엽다고 머리를 쓰다듬어 주었다. 엄마라면 누구나 그에게 젖꼭지를 물리고 싶을 정도로 이목구비는 어느 하나도 빠지는 데가 없었다. 그리고 그는 내성적이며 수줍음이 많은 아이였다. 특히 또래의 예쁜 여자아이 앞에서는 더욱더 그랬다.

  그는 숨을 헐떡이기 시작하였다. 하늘이 노랗게 보였다. 구름이 빙글빙글 돌아갔다. 땅이 빙글빙글 돌아갔다. 가슴이 답답하였다. 이제는 숨조차 쉬기가 힘들었다. 늦가을 쌀쌀한 날씨였다. 얼굴과 손발은 빨갛게 달아오르면서 추위(술 한기)가 느껴졌다. 괴로워서 집에 가려고 일어서 보지만 걸음이 되지 않았다. 몇 걸음 걷다가 마당에 타작을 마친 콩깍지 위에 쓰러졌다. 신음을 토하며 오돌오돌 떨고 있었다. 그때까지 바라만 보고 있던 그녀는 당황하기 시작하였다. 처음에는 재미있는 눈으로 바라보았었다. 그녀는 술지게미를 먹어도 약간의 술기운을 느낄 뿐 취하는 일은 없었다. 그녀는 겁이 덜컥 났다. 저렇게 하다가 죽는 게 아닌가 싶어 불안했다. 어쩔 줄 몰라 하다가 다가가서 일으켜 세우려고 했다. 잘 되지 않았다. 몸은 연체동물처럼 흐느적거렸다.

 우선 떨고 있는 그를 따듯하게 해줘야겠다고 생각했다. 사랑방으로 들이려고 하였다. 쉽게 일으킬 수가 없었다. 억지로 잡아끌다 보니 옷이 벗겨져 속살이 드러났다. 하는 수 없이 치마폭으로 싸서 사랑방으로 옮겼다. 그의 체온이 차갑게 느껴졌다. 방에도 추웠다. 이불을 덮어 주었지만, 추위는 가시지 않은 듯 계속 신음하며 떨었다. 하는 수 없이 그녀는 그를 꼭 안아 체온을 나누었다.

*

 똑똑, 똑똑똑?
 노크 소리에 그는 멍하니 눈을 뜬다. 천정에는 하트 모양 형광등이 있다. 창문의 분홍커튼이 하얀 벽지를 애무하듯 살짝살짝 스치고, 조그만 탁자 위에는 물컵이 두 개가 있다. 화장대 위에는 화장을 지운 휴지가 보인다. 침대가 낯설다. 옆에는 주인 없는 베개가 하나 더 있다.

똑똑똑, 똑똑똑?

다시 노크 소리가 난다. 그는 머리를 흔들어 본다. 머릿속이 텅 빈 느낌이다. 왜 자신이 낯선 방에 있는지 모른다. 옷을 주섬주섬 입고 머뭇대며 방문을 연다. 문 앞에는 60대의 아줌마가 있다. 그녀는 다소 격앙된 목소리로

"방 베워줄 시갠이 핸참 지냈서도 도통 나갈 생각을 안 해써 씰려를 했다아이요."

그는 여전히 꿈을 깨지 못하고 있다. 그녀는 더 말한다.
"우리도 장사를 해아 멕고 살게 아이닙꺼?"
"아니 장사라니요, 나에게 무슨 장사를 했단 말입니까?"
"아아니 이 냥반이 몰래도 핸참 모르네, 여갠 쑥박 시갠은 대음날 정오까지 아인고, 찌끔 핸 씨가 지내도 도통 갈 생객을 안 하니 웬!"

그 소리에 배가 고파졌다. 여기가 어딘지를 깨달았다. 겸연쩍어하면서 조용히 그녀에게 묻는다. 그는 왜 여기에 있고, 어떻게 들어왔는지? 그녀는 아래위로 훑어보더니 말했다.

"쑤리 꼬주망태가 돼가꼬 억쑤로 쩖은 애가씨한테 앰피 다시피 들려오데이만"

쩝쩝 입맛을 다신다. 속이 쓰리다.
"저는 아무것도 기억이 안 납니다!"

아줌마는 약간 목청을 높인다.
"에이구 하룻뱀새 쩖은 애가씨한테 혼을 쪽옥 뺐게 좋오겠다."

그는 황급히 여관을 빠져나온다. 배가 고프고 속이 쓰리다. 술을 좋아하는 친구들의 술 먹은 다음 날 해장에는 복국이 좋다는 이야기가 떠올랐다. 걸어가다가 '참복국'이라는 간판이 보여 들어간다. 식당 안은 시끄럽다. 주인은 인사를 하면서 몇 사람이냐고 묻는다. 혼자라고 하자 "어서 오세요." 하였던 인사를 리콜이라도 하듯이 안쪽 구석진 자리를 가리킨다. 한참 뒤 종업원이 주문받으러 와서 또 혼자냐고 묻는다. '이거 원 더러워서' 혼잣말로 한다. 쓰린 속이 더 쓰리다.

그는 지금까지 딱 한 번(술지게미) 취했던 기억이 있다. 기억이 아니라 평생 잊지 못할 트라우마였다. 20여 년 전 일이다. 그 때문에 30대 후반까지 술을 배우지 않았다. 술이라면 냄새만 맡아도 취할 것 같았다. 친구들이 술 한 잔 못 하는 것이 남자냐고 아무리 비아냥거려도 절대로 배우지 않았다. 술 먹고 필름이 끊긴다는 말도 가끔 들었지만, 무엇인지 이해하지 못했다. 그런데 지금은 알 것 같다.

그때 사랑방에서는 취했었지만, 기억이 살아있다. 알몸이었다. 취해서 떨고 있었다. 처음에 따뜻한 체온이 느껴졌다. 다음에는 체온보다 더한 그녀의 정열이 덮쳐오고 있었다. 꿈인지 현실인지 알 수 없었다. 그것이 발기되는 것 같기도 하고, 안 되는 것 같기도 하였다. 커다란 덩치가 위에서 누르고, 얼굴에는 엄마 젖 같은 것이 오르락내리락하였다. 꼭지 같은 것이 입에 물리기도 하다가 콧등에 마찰 될 때에는 숨이 막혀 죽을 것 같았다. 또한 하늘의 별을 더듬는 기분이기도 했다. 그녀는 그의 몸을 더욱 더 감아 조이고 있었다. 그는 몸부림을 치고 있었다. 생각과 몸이 따로 국밥이었다.

종업원이 복국을 탁자 위에 '턱' 놓는다. 펄펄 끓지만 김은 보이지 않는다. 식당 안을 둘러보니 그 많던 사람들이 거의 다 나가고 얼마 안 남았다. 숟가락을 끓고 있는 국에 소독하듯 넣었다가 한 숟가락을 떠서 쓰라린 속을 달랜다. 국을 두어 숟갈 뜨다 말고, 그날 처음 만져 본 것을 떠올리며 손끝을 비볐다. 여자 아랫도리를 처음 만져 본 기억이다. 결혼하고 난 후로는 잘 알게 되었다. 그는, 그것이 인간이 생기는 시초라고 생각한다. 그러면 인간은 어떻게 생겨났을까? 누가 만들었을까? 닭을 생각해 본다. 달걀이 먼저 생기고 닭이 생겼는지 닭이 먼저 생겨서 알을 낳았는지? 생각은 한 군데서 뱅글뱅글 돌기만 한다.

하지만 그는, 그 액체가 지구의 온 산맥을 더듬어 흘러내린 짠 바닷물같이, 인간의 몸 구석구석 더듬고 나온 짠물이라고 생각한다. 그 맛을 확인하려는 것처럼 손가락을 입에 대고 맛을 본다. 어쨌든 혓바닥에 짠맛이 느껴진다.

그는 다시 국그릇 속의 콩나물을 한입 거두어 넣고 씹는다. 복 수육은 손도 대지 않고 밥 한 숟가락 먹고 국물만 홀짝홀짝 마신다. 따뜻한 국물이 온몸을 더듬어 퍼지면서 몸 밖으로 빠져나온 빈 공간에 구석구석 다시 채우는 느낌이다.

그는 쓰린 속을 어느 정도 달래고 계산하려는데 카운터에 주인이 보이지 않는다. 식당 안을 둘러보니 손님은 자기 밖에 없었다. 주인과 종업원은 한쪽 구석에서 식사 중이다. 가격을 묻고 지폐 한 장을 계산대 위에 놓았다. 거스름돈도 받지 않고 밖을 나온다.

  그는 어릴 때부터 모든 음악을 좋아했다. 특히 클래식 음악에서는 고전주의보다 낭만주의 음악을 선호했다. 성격은 말이 없고 내성적이지만, 음악 세계서는 어떤 형식에 얽매이지 않고 자유로웠다.

  그는 음악공연에 늘 혼자 다녔다. 주위에는 같이 갈 수 있는 친구가 없었다. 항상 마음이 외로웠다. 몸은 일상생활에 적응해 있지만, 영혼은 사막을 헤매는 방랑자 같았다. 음악공연 같은 데 갈 수 있는 친구를 항상 마음속에 두고 있었다. 어쩌다 결혼한 그의 부인은 그와 성격도 맞지 않고, 음악공연 같은데 같이 올 수 있는 대화 상대가 아니었다.

  어느 날 경남문화예술회관에서 시립 교향악단의 공연이 있었다. 그날도 혼자 공연장을 찾았다. 공연장 입구에서 행사 진행 요원들이 안내하고 있었다. 그중에 악단 단무(총무)를 맡고 있는 사람이 그에게 와서는 '오늘도 혼자 오느냐'고 인사를 한다. 그 사람은 평소에 잘 아는 고향 후배다. 올 때마다 혼자라는 질문이 질리기도 하고, 부끄럽기도 하고, 외롭기도 했다.

  그 후배는, 악단 소속 첼리스트를 그에게 소개해 주었다. 그보다 10살 아래인 그녀의 성격은 그와 반대로 외향적이었다. 처음에는 서먹서먹하였으나 시간이 갈수록 마음이 통했다. 음악이라는 공통언어 안에서, 서로 코드가 맞았다. 그녀도 타향에서 친구도 없는 처지고, 아는 사람이라고는 몇 없는 환경에서 빨리 친해졌다.

그래서 그는, 그녀의 공연이 있는 날은 아무리 바쁜 일이 있어도 가서 연주하는 것을 보았다. 언제나 맨 앞자리에 앉았다. 지휘자의 지휘봉에 따라 흔들리는 그녀의 몸짓도 감상하였다. 활을 잡고 움직이는 가느다란 손가락도 예뻐 보였다. 첼로의 머리는 그녀의 머리보다 약간 위에 있다. 리듬에 따라 고개가 이리저리 흔들렸다. 그러다 객석의 그와 눈길이 마주치면 미소를 지었다. 연주하는 그녀의 모습이 천상의 새 같았다.

그는 음악을 들으며 상상으로 환상적인 여행을 떠나곤 했다. 오늘은 리하르트 슈트라우스의 〈알프스 교향곡〉 공연이었다. 자연을 묘사한 음악 중에서 오케스트라의 특성을 최대한 살린 것으로 잘 알려진 곡이다. 평소보다 많은 단원과 악기가 무대에 나왔다. 시작 전에 악기들의 음역 조율하는 소리로 시끄럽다. 객석도 여느 때보다 많은 사람이 꽉 채우고 있다.

지휘자가 나와 인사를 한다. 박수가 쏟아진다. 객석의 조명이 꺼진다. 지휘자의 지휘봉이 어둠에 묻혀 있다. 그는 눈을 감는다…… 어두운 '밤'을 지나 '일출'에서는 눈 덮인 알프스의 여명이 열린다. 웅장하게 솟아오르는 해를 본다…… 숨소리가 들릴 정도로 조용하다.

갑자기 벼락이 내리치듯 음이 커진다. '천둥 번개와 폭풍'이 몰아친다. 회오리바람이 관중석을 훑고 지나간다. 여운이 남는다.

"오늘 공연은 아주 좋았어!"
 연주를 마치자, 커피숍에서 그녀와 차를 마시면서 이야기한다. 그의 말에, 이 곡을 연주할 때는 많이 신경 쓰인다고 대답한다. 자연을 묘사한 음악 중에서 베토벤 〈전원 교향곡〉과 함께 널리 알려졌기 때문에 〈알프스 교향곡〉만의 특성을 살리려고 긴장했다고 한다. 다양한 악기, 연주자가 필요해서 독일 라디오방송 교향악단과 협연이 아니었더라면 시향의 단독으로는 공연할 수 없었을 거라고 말한다. 또한, 이 곡을 작곡한 R, 슈트라우스는 애국가를 작곡한 안익태의 스승이기도 하다는 말을 덧붙인다.
 그는 안익태 선생의 말이 나오자, 핀란드의 작곡가 시벨리우스를 떠올린다.
 핀란드가 제정 러시아의 지배를 받고 있을 때, 독립을 위한 국민감정을 일깨우려고 시벨리우스는 〈핀란디아〉를 작곡했다.
 안익태 선생님이 〈환국 환상곡〉을 작곡한 것도 그랬다. 우리나라가 일제의 지배를 받고 있을 때 유럽에서, 한국의 혼을 깨우기 위해 이 곡을 만들었기 때문이다. 고조선 건국 신화로부터 일제의 해방까지, 민족 고난과 영광의 서사가 머리를 스쳐 간다. '환희' 부분에서 고개를 흔들면서 마음속으로 애국가를 연상한다.

그녀는 리허설 이야기를 한다. 언어는 통하지 않았지만, 악보는 국제 공용어나 마찬가지여서 짧은 시간에도 불구하고 호흡이 잘 맞았다고 한다. 그리고 〈알프스 교향곡〉 리허설과 관련된 일화를 덧붙인다. 슈트라우스는 이 곡을 리허설 도중에, 천둥이 치는 부분에서 악장이 바이올린 활을 바닥에 떨어뜨리자, 순간 연주를 멈추게 하고는 빙그레 웃으면서 말했다고 한다. "여러분 잠깐 쉬어야겠소. 지금 비가 막 내리기 시작했는데 악장이 그만 우산을 떨어뜨렸으니 말이오." 슈트라우스는 유머와 재치로 부드러운 연습 분위기를 만들어 나갔다는 것이었다.

그는 그동안 답답했던 마음이 그녀를 만나면서 활기를 찾았다. 진주에서 열리는 남강유등축제에 이어 이상근 국제음악제에도 같이 다니면서 음악에 관한 이야기를 나누었다.

그리고 그들은 1달에 한 번씩 하는 음악 동우회 연주도 같이 다녔다. 일정한 장소를 정해놓고 하는 것이 아니었다. 그때마다 장소는 달랐다. 정원이 있는 회원의 집에 가서 하기도 하고, 좋은 야외 장소가 있으면 거기 가서 하기도 하였다. 또한 회원 집안의 기념행사가 있으면 축하공연도 다녔다.

그렇게 친하게 지내던 어느 화창한 봄날 주말에 둘이 약속대로 지리산 중산리로 갔다. 주차장에서 법계사를 거쳐 천왕봉으로 가는 등산로에 들어서고 보니, 진달래가 붉게 피어있다. 산이 봄이 불타는 듯하다. 앞뒤로 손을 잡고 걸어간다. 계곡 물소리와 새들이 지저귀는 소리가 교향시처럼 들린다. 악기들이 흉내를 내는 것보다 생생하다.
 바람에 꽃송이가 흔들리고 있다. 그녀는 꽃송이에 하루만 세 들고 싶다는 농담을 한다. 그도, 그녀와 같은 꽃송이에 세 들고 싶다고 한다. 그들은 같은 송이에는 되니 안 되니 옥신각신한다. 그사이에 벌이 먼저 들어가 버린다. 나비도 덩달아 들어간다. 하늘을 보니 구름이 뭉게뭉게 피어있다. 산벚꽃나무도 환하게 피어있다.
 법계사 조금 못미처 로터리 산장에서 점심을 먹는다. 먹고 난 뒤 쉬면서 피로를 달랜다. 그런 다음 법계사 경내로 들어간다. 돌무더기 탑들이 있다. 그는, 돌탑 맨 위에 돌 하나를 포개면서 "우리 사이도 이렇게 탑을 완성할 수 있으면 얼마나 좋을까?" 독백처럼 말한다. 그녀는, 소리를 듣고 한참 생각하다가 꼭대기에 돌을 하나 더 얹으면서 "무너질 때 무너지더라도……"
 단청이 낡은 아담한 법당이다. 경내를 둘러보고 산을 내려온다. 길옆에는 철쭉꽃 망울이 뭉글뭉글 맺혀 있다. 그들은 철쭉이 피면 다시 오자고 약속한다.

*

 객석은 꽉 차 있다. 지휘자가 나와 인사를 한다. 지휘자는 지휘봉을 치켜들고 단원들의 자세를 훑어보다가 손을 전후좌우로 움직였다. 공연은 베토벤 에그몬트 서곡으로 시작했다. 서주의 멜로디가 가슴을 쓸어내린다. 뒤따라오는 트럼펫 소리가 불안하게 울린다. 쿵쿵 드럼 소리가 가슴을 친다. 이어 지휘자는 지휘봉을 빗발치듯 흔든다. 평소에는 힘이 있고 경쾌하게 느껴졌는데, 오늘은 분위기가 불안하다. 피날레에 이르자 지휘자의 머리가 벼락 맞은 듯 흔들린다. 곡이 끝나자, 관중은 우레와 같은 박수를 보낸다.

  이어서 바흐의 골드베르크 변주곡이 연주된다. 물방울이 굴러다니다가 톡톡 터져버리는 느낌이다. 터진 물방울들이 마음을 적시는 것 같다. 쇼팽의 빗방울 전주곡이 생각난다. 폐병에 걸려 가을비를 맞으며 쓸쓸하게 걸어가는 쇼팽의 뒷모습을 떠올린다.

  리듬은, 고양이가 목에 방울을 달고 도망을 다니는 듯하다. 방울이 무대 바닥에 떨어진다. 떨어진 방울이 객석으로 굴러온다. 관중들은 방울을 주워서 귓속에 담는다.

  공연의 열기를 품었던 예술회관이 남강 표면에 비치고 있다. 바로크 건물 양식의 중후한 멋을 지닌 경남문화예술회관이다. 바로 앞 남강 둔치에 야외극장이 있다. 고대 아테네의 디오니소스 극장이 연상될 만큼 유사하다. 반원형인 아테네의 극장 앞에는 큰 건축물이 있는 반면에, 남강 둔치의 야외극장 앞에는 진주 팔경의 하나인 논개의 혼이 머무는 뒤벼리라는 깎아 자른 절벽이 버티고 있다. 다만 다른 점은 객석과 건물 사이에 강물이 흐른다는 것이다. 텅 빈 객석들이 석양에 여울지는 남강의 물결을 바라보고 있다. 주위에는 조각공원이 있다.

  공연을 마친 그녀가 첼로케이스를 짊어지고 나온다. 악기가 그녀의 머리보다 약간 위에 있다. 그들은 야외 조각공원을 산책한다. 조각공원에는 이형기 시인의 시비가 있다. 그녀는 앞에 서서 시를 천천히 읽는다.

    가야 할 때가 언제인가를
    분명히 알고 가는 이의
    뒷모습은 얼마나 아름다운가

    봄 한철
    격정을 인내한
    나의 사랑은 지고 있다

    분분한 낙화

    결별을 이룩하는 축복에 쌓여
    지금은 가야 할 때

    무성한 녹음과 그리고
    머지않아 열매 맺는
    가을을 향하여
    나의 청춘은 꽃답게 죽는다
    헤어지자
    섬세한 손길을 흔들며
    하롱하롱 꽃잎이 지는 어느 날

    나의 사랑, 나의 결별
    샘터에 물 고이듯 성숙하는

내 영혼의 슬픈 눈

그녀는 시를 읽고 골똘히 생각에 잠기었다가, 무슨 결심이라도 한 듯이 그의 손을 잡는다. 조각공원을 돌아서 대숲 산책로를 들어간다. 대나무가 우거진 숲에는 오솔길이 강변을 따라 나 있다. 남쪽으로 1킬로 가량 떨어진 이형기 시인의 모교까지 이어진다. 손을 잡고 대나무 숲길을 걸어간다. 오늘따라 그녀의 손이 차갑게 느껴진다. 하지만 그는 손을 영원히 놓지 않고 싶다.

숲속을 거의 다 나올 무렵, 그녀가 오늘은 술 한잔하고 싶다고 한다. 지금까지 만나는 동안에 찻집에만 갔었지 같이 술을 마셔본 적이 없다. 그녀는 술을 가끔 먹지만, 그가 전혀 술을 먹지 못했기 때문이다.

역전 도로 옆에는 저녁이 되자 일렬로 포장마차들이 전을 벌였다. 포장마차 안에는 오뎅국이 끓고 있다. 이웃 포장마차에서는 벌써 취객의 음성이 들린다. 안에는 손님이 한 명도 없다. 파를 썰던 아줌마는 반갑게 인사를 한다. 오뎅국 냄새가 포장마차 안을 꽉 채우고 있다. 그녀는 자주 먹어본 사람답게 안주와 소주 한 병을 주문한다. 음료수도 한 병 추가한다. 각자 음료수와 소주를 마시며 이형기 시인에 관한 이야기를 한다.

그는 진주 토박이답게 조금 전에 지나오다 본 학교가 시인의 모교라고 지금은 과학기술대학이지만, 시인이 다닐 때는 농업전문학교였다고 이야기한다. 그리고 여기서 10분 거리도 안 되는 곳에 시인이 살던 집이 있다고도 했다.

역전 쪽에서 가다가 남강 다리를 건너지 않고 바로 왼쪽 대숲 앞에 시인의 집이 있었다. 강 건너 북쪽에는 촉석루가 있고 시인이 살던 집은 도시개발로 옛 모습은 사라졌지만, 그 자리는 진주 사람이면 다 알고 있다고 한다.

그녀는 이야기를 듣고만 있다. 그가 말을 중단하자 잠시 침묵이 감돈다. 옆 포장마차에서 취객들의 떠드는 소리가 다시 들린다.

그녀는 〈낙화〉를 한참 중얼거리다가

"우리, 헤어져. 그리고 나 내일 독일 가."

그는 무슨 말인지 몰라 한참 멍했다. 갑자기 하늘에서 벽이 눈앞에 턱 떨어진 기분이다. 아니 길 가다가 마른하늘에서 코드가 없는 밥솥이 떨어져 머리에 맞은 기분이다. 심장이 밥솥 안에서 타는 기분이다.

그녀는 마음의 준비를 하고 있었는지 모르지만, 그는 아무런 준비도 없다. 무방비에서 망치로 뒤통수를 맞은 기분이다. 만난 지 3년이 되었지만, 헤어진다는 생각은 한 번도 해보지 않았다. 대부분 남녀 사이란 육체관계가 동반되지만, 그런 사이가 아니었다. 마음의 친구였고 정신적인 동반자였다. 음악이라는 울타리 안에서 같이 웃고 같이 놀아 왔다. 그녀를 보내는 건 자신의 인생에서 반이 떨어져 나가는, 아니 어쩌면 육체를 빼고 영혼을 잃는 것이나 마찬가지다. 만나기 전 그의 인생은 외로웠다. 진정한 마음을 나눌 수 있는 사람이 없었다.

취기가 오른 듯 그녀의 말에는 경상도 사투리가 섞인다.

대구가 고향이지만 그녀는 평소에는 사투리를 잘 쓰지 않는다. 진주 토박이말 '에나가'(정말로)만 빼놓고는 같은 경상도 사투리여서 잘 통한다.

그들은 사투리로 한참 말을 주고받는다.

그러다 그는 생각한다. 그녀를 만나기 전에는 예술회관에서 공연을 감상하고 늘 혼자서 대숲을 거닐었다. 오늘은 둘이서 손잡고 공연 이야기도 하며 걸어왔다. 그런데 그녀가 내일이면 독일로 간다. 도저히 받아들일 수가 없다. 아니 생각지도 못했다. 그는 아줌마에게 소주 두 병을 시킨다. 음료수를 마시던 잔을 채워 물 마시듯이 들이켰다. 소주 두 병을 채 다 마시기도 전에 쓰러졌다.

*

그들은 레스토랑을 나와 커피숍으로 들어간다. 진주의료원 앞 '브람스'라는 곳에는 그들의 추억이 있다. 어쩌다 한 번씩 삼천포 노산공원에 있는 클래식 음악다방도 갔었지만, 진주에서 만날 때는 대부분 이곳이었다. 20여 년 만에 만나는 곳의 분위기는 옛날 모습 그대로다. 음악도 그때와 달라진 게 없다. 다만 LP 음반에서 CD로 바뀌었을 뿐이다. 그리고 앞에 앉아 있는 그녀의 모습도 예쁜 것은 그대로이지만, 많이 늙은 것 같다.

그녀가 지금까지 혼자라는 말에 놀란다. 그는 죄를 지은 것처럼 미안해서 할 말을 잃는다.

마침 CD에서 황홀함과 로맨틱한 애수가 담겨있는 브람스 교향곡 4번 2악장이 흘러나온다. 그는 음악에 젖어 들면서 브람스의 사랑을 떠올린다. 14세 연상의 여인 클라라에 대한 사랑이다.

클라라는 9살 연상인 슈만과 사랑을 했다. 나이 차이로 반대하자 부모에게 법적 소송까지 하여 결혼했었다.

아이도 여럿 있었다. 브람스는 그런 여인을 평생 마음속에 담아두고 혼자 살았다. 편지만 서로 주고받으면서,

마지막 그날 새벽에 그녀는 여관을 나왔다. 자취방에 미리 챙겨둔 짐을 들고 서울로 가는 고속버스를 탔다. 김포공항에서 독일로 가는 비행기는 오후 5시 출발로 예정되어 있었다.

처음에는 아무런 의심 없이 그를 만났다. 나중에 유부남이라는 것은 알았지만 별로 의식하지 않았다. 우연히 그의 부인과 마주치지 않았더라면 헤어질 생각은 못했을 것이다. 순간 당황해하는 그의 얼굴을 민망해 볼 수가 없었다. 우람한 체격의 부인 얼굴에서도 핏기가 사라지는 듯했다.

그는 3살 연상인 그녀와 결혼한 것은 그의 의지가 아니었다. 그때 사랑방에 둘이 알몸으로 있다가 그녀의 부모에게 발각되었다. 이후 20살 나이에 결혼했다. 아이도 낳았지만, 행복을 느끼지 못했다. 결혼 생활을 지속할수록 독하게 술도 먹지 않았던 것이다. 술지게미 한 번 잘못 먹고 걸려들어 족쇄를 찬 기분으로, 그러나 그녀와 마지막 날은 술을 독하게 먹었다.

그녀는 그와 만나선 안 된다고 생각한 것은 그의 부인을 보고, 진짜 유부남이라는 인식이 되었다. 부인을 직접 보기

전에는 유부남이라는 사실은 알았지만, 그냥 뭐 친구라고만 생각했다. 하지만 부인의 얼굴을 보고서는 마음속에 죄 같은 것이 쌓이기 시작했다. 더 깊이 빠지기 전에 떠나야 한다고 마음을 다잡았다. 그래서 그녀는 부모님을 재촉하여 미루어 왔던 유학을 결심했다.

*

독일로 가는 비행기 안에서 그녀는 울고 있다. 막상 비행기가 이륙하여 한국 땅을 벗어나니 눈물이 난다. 불안해지면서 자꾸 눈물이 났다. 그동안 내 안에 이렇게 많은 눈물이 마음에 고여 있었던가 싶을 정도로 눈물이 끝이 없다.

굳게 마음먹은 탓인지 비행기가 이륙하기 전에는 눈물이 나지 않았다. 같은 하늘 아래 있다는 것으로도 위안이 되었든지, 같은 땅 위에 있는 것으로 안심되었든지, 그러나 이제 그가 없는 낯선 땅으로 간다.

옆 좌석에는 마음씨가 좋은지 모를 중년 아줌마가 타고 있다. 슬픈 감정이 전염되었는지 그녀가 자꾸 우는 바람에 아줌마도 따라 운다. 아줌마가 우니 더 눈물이 난다.

계속 울고 있는 것을 본 승무원도 눈시울을 적신다. 승무원이 다가와 뭐 도와 줄 것이 없느냐고 묻는다.

그녀는 얼른 대답한다.

"비행기를 한국으로 돌려주세요."